I0410311

www.ingramcontent.com/pod-product-compliance
Lightning Source LLC
Chambersburg PA
CBHW070139290526
45789CB00002B/546
* 9 7 8 1 5 4 0 3 8 6 3 0 4 *